864

La Lyre Républicaine,

CHANSONNIER DES PATRIOTES.

Lyon, imprimerie de Jérôme Perret,
Rue St-Dominique, N. 13.

LA
Lyre Républicaine,

Chansonnier des Patriotes,

PAR UNE

Société de bons Vivans,

Et publié par

M. LANGE CHIARINI.

A LYON, CHEZ LES PRINCIPAUX LIBRAIRES,

ET CHEZ PERRET, RUE ST-DOMINIQUE, N. 15.

1854.

Mon Opinion.

Dédiée au Poète Chansonnier.

Air : *Je voulé bien, je voulé bien* (de Fra-Diavolo).

> Je le veux bien,   *bis.*
> Que le peuple ivre de sa gloire
> Cherche à conserver sa victoire
> Et la liberté, son seul bien,
> Je le veux bien.   *bis.*
> Mais que trompant sa confiance,
> Pour mieux le contraindre au silence,
> On ose parler de soldats !
> Je ne veux pas,   *bis.*
> Je ne veux pas, je ne veux pas,
> Corbleu ! je ne veux pas :
> Non, non, non, non, je ne veux pas,
> Non, non, non, non, je ne veux pas.

> Je le veux bien,   *bis.*
> Que pour diriger nos affaires,
> Un concours nomme aux ministères
> Ceux reconnus amis du bien,
> Je le veux bien.   *bis.*
> Mais que des hommes inutiles
> Dépensent, en choses futiles,
> Un budget qu'ils votent tout bas !...
> Je ne veux pas, etc.

Je le veux bien,   *bis.*
Qu'auprès de la sainte alliance,
Nos envoyés disent : la France
Est forte et ne redoute rien !
    Je le veux bien.   *bis.*
Mais, qu'à l'autocrate irascible,
Un courtisan génuflexible
N'ose parler que chapeau bas...
    Je ne veux pas, etc.

Je le veux bien,   *bis.*
Qu'au peuple on rende la puissance;
Et que chacun reprenne en France
Son droit si beau de citoyen,
    Je le veux bien.   *bis.*
Mais que des phalanges serviles
Viennent pour dominer nos villes,
Et nous ôter l'arme du bras...
    Je ne veux pas, etc.

Je le veux bien,   *bis.*
Que chacun écrive et qu'il pense.
Sans redouter une ordonnance
Qui frappe et ne respecte rien,
    Je le veux bien.   *bis.*
Mais que dans le siècle où nous sommes,
On ose acheter, chez les hommes,
La conscience des débats!.....
    Je ne veux pas, etc.

Je le veux bien,   *bis.*
Qu'indépendant par sa fortune,
Un mandataire, à la tribune,
Des électeurs soit le soutien,
    Je le veux bien.   *bis.*

Mais que sans redouter l'outrage,
Il ose immoler son suffrage
Aux rangs qu'on méprise ici-bas!...
    Je ne veux pas, etc.

    Je le veux bien,   *bis.*
Que le gouvernement éclate,
Que pour la Pologne on se batte,
Que l'on resserre un doux lien,
    Je le veux bien.   *bis.*
Mais, qu'exilés de leur patrie,
Les Polonais, en Sibérie,
Trouvent esclavage et trépas!!!...
    Je ne veux pas, etc.

    Je le veux bien,   *bis.*
Que le prétre dans sa cellule,
Vende aux croyans son ridicule,
Et profite de ce moyen,
    Je le veux bien.   *bis.*
Mais, que pour dire une prière,
Et nous conduire au cimetière,
On solde ses chants et ses pas...
    Je ne veux pas, etc.

    Je le veux bien,   *bis.*
Que devant l'armée étrangère,
Tous nos soldats fassent la guerre,
Et deviennent notre soutien,
    Je le veux bien.   *bis.*
Mais que sans pitié pour leurs frères,
Devenus bourreaux mercenaires,
Ils tirent sur eux à dix pas!.,.
    Je ne veux pas, etc.

Je le veux bien ,   *bis.*
Que l'on orne la boutonnière
De celui dont l'ame guerrière,
Pour vaincre ne négligea rien ,
Je le veux bien.   *bis.*
Mais que sans pudeur on unisse
Les croix-d'honneur à la police,
Pour payer des assassinats !...
Je ne veux pas,   *bis.*
Je ne veux pas, je ne veux pas;
Corbleu ! je ne veux pas :
Non , non , non , non, je ne veux pas,
Non , non , non , non, je ne veux pas.

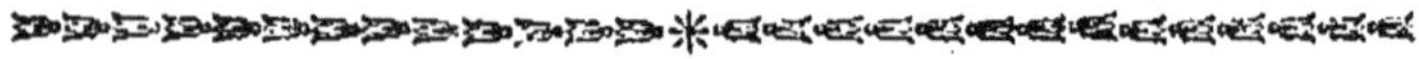

RIEN.

Chanson Morale.

Air : *Tenez , moi, je suis un bon homme.*

Sur le mot *Rien* j'ose entreprendre
De composer quelques couplets;
Mais, de quelle façon m'y prendre ?
Je dois douter de leur succès :

L'ÊTRE DIVIN dont l'assistance
Nous anime et sert de soutien ,
Lui seul par sa Toute-Puissance
A fait quelque chose de *Rien*. } Bis.

Pour un *Rien* la crainte tourmente,
Pour un *Rien* l'espoir nous sourit ;
Qui croit la fortune constante ,
Souvent à *Rien* sera réduit.
Et nous voyons sur cette terre ,
Celui qui ne fait *Rien* de *Rien* ,
Qu'en *Rien* jamais il ne prospère
Et ne peut être bon à *Rien*. .

Si l'on veut croire à la chimère
De certain *frère ignorantin* :
« *Rien* dans ROUSSEAU , *Rien* dans VOLTAIRE
« Ne peut être lu sans dédain. »
Ce trait provient du caractère
De nuire à tous les gens de bien ;
Otez le talent de mal faire ,
Les *tartuffes* ne sont plus *Rien*.

Souvent un *Rien* dans ma patrie
Produit un Académicien ;
Il est à *Sainte-Pélagie*
D'autres *fauteuils* pour l'historien.
Grace aux arrêts de la *censure* ,
Nous entendrons l'épicurien ,
Mettre la prière en mesure ,
Plutôt que de ne chanter *Rien*.

Près de sa belle , afin de plaire ,
Un amant *doit* n'épargner *Rien* ;
Si parfois elle est trop sévère ,
Ce qu'elle fait est toujours bien.

1*

Mais en hymen, c'est le contraire,
La femme *doit* trouver tout bien ;
Elle change de caractère,
Ou le mari ne vaut plus *Rien.*

Un *Rien* pousse à la jalousie ;
Un *Rien* excite le courroux ;
Souvent un *Rien* donne l'envie
D'aller se plaindre d'être...... époux.
Il faut avoir de la prudence,
C'est je crois le plus sûr moyen ;
Nous doutons...... prenons patience,
Nous le savons, n'en disons *Rien.*

De la clé d'or faites usage,
Rien ne résiste à ses appâts :
Vous vous moquez du persiflage,
Et d'amis vous ne manquez pas.
Esprit, talens, bon caractère,
S'accordent rarement sans bien ;
Le Midas riche a tout pour plaire,
Le docte pauvre ne sait *Rien.*

On pensait fermer la paupière,
Un *Rien* rétablit la santé ;
Nous pourrions quitter cette terre
Sans l'appui de la faculté.
Pour ceux que la gloire environne,
Pour le méchant, l'homme de bien,
Lorsque l'heure de chacun sonne,
Le temps ne respecte plus *Rien.*

En s'embarquant pour l'autre monde,
L'avare abandonne son bien,
Avec caron il passe l'onde,
Je réponds qu'il n'emporte *Rien.*

En paix pour que l'ame repose,
La CONSCIENCE est un soutien ;
C'est encore une grande chose
Lorsqu'elle ne reproche *Rien*.

Lorsqu'un *Rien* vient me mettre en tête
Quelques rimes d'épicurien,
Si ma chanson est imparfaite,
De grace qu'on n'en dise *Rien* :
En m'appuyant sur l'indulgence,
Si je n'y trouve mon soutien,
Je puis accuser de démence   } *Bis*.
Ceux qui m'auront blâmé pour *Rien*.

A l'Armée.

Vous souvient-il de notre vieille armée,
Disait tout haut un soldat d'autrefois
A la phalange imprudemment armée
Pour imposer des abus et des rois ?
Vous souvient-il de notre ancienne gloire ?
Vous souvient-il de nos nombreux succès ?
Imitez-nous : courez à la victoire ;
Mais sur le peuple, ah ! ne tirez jamais.

Vous souvient-il des hordes étrangères
Se repliant sous les murs de Berlin ?
Vous souvient-il du jour où vos vieux frères
Virent crouler les voûtes du Kremlin ?
Vous souvient-il de la lâche Ibérie
Se prosternant devant le nom français ?
Imitez-nous : mourez pour la patrie ;
Mais sur le peuple, ah ! ne tirez jamais.

Vous souvient-il, quand l'ingrate fortune
Par des revers absorbait nos soldats,
Du noble cri que poussa l'infortune :
« *La garde meurt, elle ne se rend pas !* »
Dans nos foyers, les yeux baignés de larmes,
La rage au cœur, nous rentrâmes en paix.
Loin des combats suspendez donc vos armes ;
Mais sur le peuple, ah ! ne tirez jamais.

Vous souvient-il de cette belle aurore
Qui se leva pour éclairer trois jours ?
Dans l'avenir trois beaux jours sont encore
Pour renverser les abus et les cours.
Vous souvient-il des lâches impostures
Dont on berça les crédules Français ?
Jeunes soldats, tirez sur les parjures,
Mais sur le peuple, ah ! ne tirez jamais.

A vos neveux, sous le chaume paisible,
Vous montrerez votre sabre rouillé,
En leur disant que, toujours invincible,
Du sang français il ne fut pas souillé.
Vous leur direz, en quittant leur demeure :
« A vos drapeaux fidèles désormais,
« Courez, enfans, du combat sonne l'heure,
« Mais sur le peuple, ah ! ne tirez jamais. »

✳✳✳✳✳✳✳✳✳✳✳✳✳✳✳✳✳✳✳✳✳✳✳✳✳✳✳✳✳✳✳

En Attendant.

Air : *En attendant.*

En attendant
Mam'selle qu'on nous marie,
Permettez-moi de d'venir votre amant,
Car de l'hymen la chaîne n'est chérie
Que quand on aime ; aimez-moi, j' vous en prie,
En attendant.

En attendant
Que l' mair' vous nomm' ma femme
Et que l' curé nous fass' prêter serment,
Permettez-moi d' vous déclarer ma flamme,
Et montrez-moi jusqu'au fond de votre ame
En attendant.

En attendant,
Le jour de notre noce,
Laissez-moi prendre un baiser seulement ;
Car en amour, mam'zelle, j' suis précoce,
Un seul baiser pour sceller le négoce,
En attendant.

En attendant
Le repas et la danse,
V'nez dans l' p'tit bois promener un moment
L'ombre convient ainsi que le silence,
Et vous pouvez m' confier votre innocence
En attendant.

En attendant
Le jour du mariage,
Le carillon s'en va toujours sonnant ;
On cherch' partout le prétendu volage,
Et la jeun' fille est encor au village
En attendant.

LA CAROTTE.

Tiens, il faut que j' te pousse,
Car t'es un bon enfant ;
Mets ta royale bousse,
Viens prom'ner un instant.
Laiss' donc là cett' calotte,
Prends ton shako, Jean-Jean.

JEAN-JEAN.

Est-ce encor une carotte
Que vous m' tirez, sergent ?

Vois-tu, j' suis d' ces bons drilles,
J' te l' dis, foi d' mon patron,
Y a z'ici de belles filles,
Mais faut être un luron.
Allons à la Galiotte,
C'est là qu'y en a, Jean-Jean.
Est-ce encor, etc.

Si tu sach' l'exercice,
Il faut que l' sentiment
Au jeu des arm's s'unisse ;
Et j' te parle franchement,
N' crois pas que j' te ballotte,
T'es beau garçon, Jean-Jean.
Est-ce encor, etc.

Non, vraiment, t'es capable
Et tu dois parvenir ;
Allons, mets-toi za table,
Puis à boire fais nous v'nir.
Vois-tu c'lle p'tite boulotte ?
Ça te conviendrait, Jean-Jean.
Est-ce encor, etc.

Mon fils, tu n' vois pas louche
Et tu sais bien choisir,
Mais n' deviens pas farouche
Si j' coupe ton plaisir.
C' tell' là n'est qu'un' p'til' sotte,
J' la prends pour moi, Jean-Jean.
Est-ce encor, etc.

A l'amour donnons l' change,
Et vois-tu, mon petit,
La beauté, c'est étrange,

Ça m' donne d' l'appétit.
Command' donc un' mat'lotte,
Fais les honneurs, Jean-Jean.
Est-ce encor, etc.

C' t' olibrius en blouse
A c' qui t' convient, ma foi!
Si c' n'est pas son épouse,
Prends-la de par le Roi.
S'il faut porter une botte
J' s'rai ton témoin, Jean-Jean.
Est-ce encor, etc.

Queuqu' temps après la fête,
L' grognard s'en trouva mal;
Et, grace à sa conquête,
Il fut à l'hôpital.
Chacun a sa marotte,
Vint lui dire Jean-Jean :
Grand merci d' la carotte
Que vous m' tiriez, sergent.

NOTA. Cette chanson se dialogue en prenant la voix
d'un vieux grognard et celle d'un conscrit.

L'Hospitalité.

Chant Français dédié aux Polonais,

A leur passage à Metz.

Air : *Des trois Couleurs.*

Salut, héros que partout l'on contemple !
Salut, guerriers, que frappent les revers !
A l'avenir vous donnez un exemple,
Et l'avenir viendra rompre vos fers.
Vous le quittez le sol de vos ancêtres,
Mais honoré par vingt combats sanglans.
La liberté qui renversa nos maîtres,
Saura bientôt détrôner vos tyrans !

S'ils ne sont plus vos compagnons de gloire
De Marengo, d'Austerlitz, d'Iéna ;
Ceux que l'empire, au char de la victoire,
Pendant quinze ans sans relâche enchaîna,

Il surgira, de la France nouvelle
Et de Juillet, quelques braves nouveaux
Qui défendront une cause si belle,
Et conduiront nos bras et vos drapeaux!

Si par la honte uné secte flétrie,
A pu jouir de vous voir tous vendus,
Venez chez nous, car c'est votre patrie;
Français du nord, vous nous êtes rendus.
Dans notre sein venez cacher vos larmes,
Frères, nos soins viendront sécher vos pleurs.
Dans le silence, amis, forgeons des armes
Pour renverser nos communs oppresseurs.

Ils passeront, ces hommes doctrinaires
Qui veulent tout voir plier sous leurs lois;
Ils passeront, les traîtres, les sicaires,
Ils passeront, les tyrans et les rois.
Un jour viendra, oui j'en ai l'assurance,
Nous apporter un meilleur avenir;
Et nous verrons la Pologne et la France,
O liberté! par toi se réunir.

Le

CHOLÉRA DU SENTIMENT.

AIR : *Rallions-nous autour de la bannière.*

Saurais-tu bien me dir' pourquoi, ma p'tite,
Zidor, hier, avait l'air de nous fuir ?
Lorsque nous fûm's pour lui faire visite
Il t'a r'gardé, comm' s'il voulait t'haïr !
Ah! n' m'en pa'l' pas! c'est un gueusard, ma chère,
Car avec lui, j' te l'dis, c'est embêtant !
J' n'ai jamais pu connaître qu' la misère   } *Bis.*
     C'est l' choléra du sentiment.

Fallait nous voir aux premiers jours d'ivresse,
Nous nous roulions su' l'or et su' l'amour !
Il n' voyait qu' moi, j'étais son enchant'resse;
Il ne m' quittait ni la nuit, ni le jour.
Mais v'la qu'un soir il s'esquive en cachette;
Il va jouer, perd tout dans un instant !
Ah! conviens-en, la maudite roulette,
     C'est l' choléra du sentiment !

V'la que l' besoin nous frappe et nous talonne,
Pour vivr', ma chère, il faut tout mettre en plan !
La misèr' vient, l'amour nous abandonne,

Mais le guerdin m' laisse queu-t-chose en partant
J'en dois convenir, j'ai perdu de ma grace,
Ma taill' grossit, et ça chass' mon amant ;
Ah ! Victorine, n' sois jamais à ma place, ⎱ *Bis.*
    C'est l' choléra du sentiment !

LE RIEUR.

Air : *Serviteur* (de M. Jovial).

Je me ris
Des soucis,
Des intrigans de Paris ;
Sans façon,
Du flacon
Je fais sauter le bouchon.

Edmond a sollicité
Le titre de député ;
Sans éloquence,
En séance,
Comme on vous l'a ballotté !
Et je ris.

L'autre jour une houri
Au ministère a souri ;

Pour sa grimace,
Une place
Est donnée à son mari,
Et je ris.

J'étais nommé par le roi,
J'allais entrer en emploi ;
O disgrace !
A ma place
Un autre était mis pour moi,
Et j'en ris.

Darcourt a vendu cent fois
Les républicains, les rois.
Le bancale,
On le régale,
D'ambassades et de croix,
Et je ris.

Hier, un banquier fameux,
Spéculateur dangereux,
En une course,
A la Bourse
Fit dix mille malheureux,
Et je ris.

Lorsque je vois ces voleurs
Teints de toutes les couleurs :
Ministres,
Plats et sinistres,
Bien loin de verser des pleurs,
Moi je ris.

Craignant pour mes revenus,
Par des motifs très-connus,

Quand j'amasse,
Moi je place,
Mon argent à fonds perdus,
Et je ris.

Qu'un tartuffe ou qu'un bigot
Viennent avec l'air dévot
Faire croire
Au purgatoire,
Moi je ne suis pas si sot,
Et je ris.

Qu'un homme faible, un pécheur,
Dans l'espoir d'un sort meilleur,
Au prêtre
Fasse connaître
Tous les secrets de son cœur,
Moi je ris.

Quand il me faudra finir,
Voyant le terme venir,
Sans me plaindre,
Ni le craindre,
Amis, à mon souvenir,
Tin, tin,
Verre en main,
Attendez votre destin ;
Qu'un refrain
Bien malin
Vienne bannir le chagrin !

****

Si j'étais Roi.

Air : *Faisons la paix.*

Si j'étais roi,
Le peuple serait ma famille,
La clémence serait ma loi,
La liberté serait ma fille
Si j'étais roi.

Si j'étais roi,
J'éviterais les jours d'alarmes,
Et loin d'inspirer de l'effroi,
Du pauvre j'essuierais les larmes
Si j'étais roi.

Si j'étais roi,
Méprisant l'or et la bassesse,
Je ne voudrais autour de moi
Que mon peuple et point de noblesse,
Si j'étais roi.

Si j'étais roi,
Des flatteurs repoussant la brigue,

Je ne distribuerais d'emploi ,
Qu'au mérite et pas à l'intrigue ,
Si j'étais roi.

Si j'étais roi,
Jamais de taxes, ni de dîmes,
De réquisitoires sans foi ,
De cachots, de fers, ni de crimes ,
Si j'étais roi.

Si j'étais roi,
A l'étranger qui nous regarde
Je pourrais imposer ma loi ;
Car j'aurais mon peuple pour garde
Si j'étais roi.

Le souverain Bien.

Quand on est à table
Manger largement ,
Et lorsque l'on sable
Boire longuement ;
Bisser un refrain ,
Choquer , vider , remplir son verre ,
Narguer le chagrin
Que nous fait le dieu de Cythère :

Voila sur la terre
Le souverain bien,
Ou, nom d'un tonnerre !
Je n'y connais rien.

Se rire sans haine
De ces roitelets,
Grands forgeurs de chaînes,
Ennemis des couplets ;
Payer ses impôts,
Braver le sergent mercenaire,
Heurter les grelots
De la folle qui sait nous plaire :
Voila sur la terre
Le souverain bien,
Ou, nom d'un tonnerre !
Je n'y connais rien.

Blâmer avec force
Tous ces plats valets,
Grands brûleurs d'amorce,
Flaneurs de palais ;
Ces hommes vendus
Indignes de notre colère ;
Ces arrêts rendus
Par un parquet impopulaire :
Voila sur la terre
Le souverain bien,
Ou, nom d'un tonnerre !
Je n'y connais rien.

Du sot privilége
Renverser les lois ;
Siffler le cortége
Qui veut des emplois ;
Purger le budget

De la tourbe anti-prolétaire
  Qui, peuple-sujet,
Absorbe croix, honneurs, salaire :
  Voila sur la terre
  Le souverain bien,
  Ou, nom d'un tonnerre!
  Je n'y connais rien.

LA PROPAGANDE.

Air : *Les amis sont toujours là.*

Bons ouvriers, la propagande
Fait pâlir nos lâches tyrans ;
Unissons-nous : elle demande
Des cerveaux forts, des bras constans.
Et si le pouvoir dans sa rage
Veut lui faire le moindre outrage,
Mon mot d'ordre, enfans, le voila :
    Du courage
    A l'ouvrage,
  Les amis sont toujours là !   *Bis.*

Défendons ceux que l'on opprime,
Soulageons-les dans leurs revers ;
Sans fléchir démasquons le crime,

Bravons la mort, rions des fers.
Et si le pouvoir dans sa rage
Veut lui faire le moindre outrage,
Mon mot, etc.

Malheur au peuple qui s'isole,
Il n'est pas fort s'il ne s'unit;
L'union, c'est le Capitole
Où la liberté rajeunit.
Et si le pouvoir dans sa rage
Veut, etc.

Ne formons plus qu'une famille,
Vivons avec fraternité;
Effaçons le trône qui brille,
En proclamant l'égalité.
Et si le pouvoir dans sa rage
Veut, etc.

Eclairons-nous par la lumière
Qui doit nous révéler nos droits;
Et qu'aux yeux de l'Europe entière
Les peuples corrigent les rois.
Secouons le joug monarchique,
Vive à jamais la république !
Mon mot d'ordre, enfans, le voila :
        Du courage
        A l'ouvrage,
Et nous pourrons en venir là !

LA FEMME GALANTE.

Air : *De la riante semaine.*

Je t'ai promis d'être sage et gentille,
Et tu me bats ; vraiment, ce n'est pas bien.
Oh ! tu me mords, et le sang qui pétille
Atteste ici que tu n'es qu'un vaurien.
Pour riboter, n'as-tu pas vu qu'en gage
J'ai mis bijoux, robes, schalls, chapeaux bas ?
Je n'ai plus rien, et tu me fais tapage ;
Mon cher Léon, ah ! tu ne m'aimes pas. (bis)

Du bienfaiteur dont j'avais la tendresse
Tu partageas le lit, la table et l'or ;
Et ses habits, ah ! sans délicatesse,
Regarde-toi, tu les portes encor.
Je n'ai donc plus que toi sur cette terre ;
Tiens, vends encor ses derniers falbalas.
Je vis d'amour et de pommes de terre ;
Mon cher Léon, ah ! tu ne m'aimes pas. (bis)

Veux-tu que que j'aille au coin de notre rue
Vendre mes charmes au premier passant ?
Qu'exiges-tu ? j'ai la tête perdue,

Conseille-moi , que faire maintenant ?
Quoi ! tu te tais ? ce silence m'éclaire ,
Tu veux partir, mais je suivrai tes pas.
D'un coup de poing tu me couches par terre ,
Mon cher Léon, ah ! tu ne m'aimes pas.

O désespoir ! quoi , je puis te connaître... .
Dans mon chagrin je n'ai plus qu'à mourir.
Pour me tuer sautons par la fenêtre......
Par le charbon..... non..... j'aime mieux périr
Par le couteau.... . Terminons ma carrière.
Je te regarde et tu ne t'émeus pas !
Mourir , ah ! oui, je serais la première
Qui se tuerait quand on ne l'aime pas.

Le Revenant.

Air : *Du ballet des Pierrots.*

Fillettes , craignez le passage
Qui nous conduit à Paluzzi ;
Car, si l'on croit un viel adage,
Il y revient, et c'est Luzzi :
Luzzi, ce seigneur plein de charmes,
Que l'on disait entreprenant :

Filles, qui redoutez les larmes,
Méfiez-vous du revenant.

Mais la plus belle du village,
La jeune Nice au doux minois,
Ne croyant pas à ce langage,
Voulut se risquer une fois.
D'un pied léger, d'un vol agile,
Elle arrive dans un instant,
A Paluzzi voit tout tranquille,
Puis évoque le revenant.

Las! des voûtes du sombre asile
Sort une voix.... Soudain, de peur,
Nice frémit, reste immobile....
Et ne sent plus battre son cœur!
Elle pâlit, elle chancelle,
S'évanouit, tombe... et pourtant
S'éveille, et ne trouve auprès d'elle
Qu'un homme et point de revenant!

La chronique, en tout scandaleuse,
Assure que la pauvre enfant
Depuis ce jour est si peureuse,
Qu'elle ne sort qu'en rougissant.
Mais un habitant du village,
Huit mois après, en y passant,
M'apprit que Nice, au fin corsage,
Craignait encor le revenant.

****

A Saint-Janvier.

Air : *De la riante semaine.*

Bon Saint-Janvier qui rajeunis l'année,
Du courtisan le bien digne patron,
Quoi ! tous les ans ta secte est condamnée
A visiter prolétaire ou baron.
De leurs baisers flétrissant nos visages,
Faisant des vœux qu'elle ne pense pas,
Elle a toujours pour nous de faux hommages :
Combien je hais la secte des Judas !

Ce grand seigneur, ami de l'étiquette,
Veut pour sa femme un tabouret d'honneur ;
Comme son saint il fait une courbette
Et s'avilit pour entrer en faveur.
Il sait donner à propos des dragées
Et faire aller les enfans à dada ;
Sœur, fille, femme, alors sont protégées :
Combien je hais la secte de Juda !

Ce gros ventru qui, sous vingt ministères,
A son bureau s'est toujours cramponné,

Vantant bien haut ses qualités austéres ,
Mais des abus partisan chevronné ,
Sous les cadeaux , harcelé , hors d'haleine ,
Il va fêter ceux qu'il vilipenda ;
Flatteur adroit , il sait masquer la haine :
Il est encor de la secte à Juda.

Observez bien cet élégant jeune homme :
A son aspect tout semble s'animer ;
Monsieur sourit , madame , qui le nomme ,
Sent un bonheur qu'on ne peut exprimer.
Un gai bambin joue avec ses moustaches ,
Mais un regard est compris par Ida ;
Le poulet glisse au milieu des pistaches :
Il est encor de la secte à Juda.

Ce vieux richard mérite des reproches ;
Un malheureux s'offre sur son chemin :
Les pièces d'or se pressent dans ses poches ,
Il n'entend pas celui qui tend la main.
Mais se trompant sur la fausse tendresse
Dont Caroline le persuada ,
Il donne tout à sa jeune maîtresse :
Elle est encor de la secte à Juda.

Ces bons parens qui , masquant leur visage
D'un faux sourire ou de sanglots trompeurs ,
Disent bien haut : Gardez votre héritage ,
Votre santé suffit seule à nos cœurs !
Changent d'idée alors que l'on succombe ;
Et , bien souvent , celui qui décéda
Leur donnant tout , n'a pas même une tombe :
Nos parens sont de la secte à Juda.

Lorsqu'en juillet la horde des sicaires
Vint s'emparer du pouvoir , de nos droits ,

Les gens de cour se montraient populaires ,
Comme le peuple ils méprisaient les rois.
Mais aussitôt qu'ils ont eu la puissance,
Leur teint fardé soudain se dérida :
Bon St-Janvier, ils ont ton insolence ,
Car ils sont tous de la secte à Juda.

J'avais Rêvé.

COUPLETS DÉDIÉS A Mme DE S.****

Air à faire.

J'avais rêvé
Que ma tendresse
Se partageait par ma maîtresse.
Mais mon someil est achevé ,
J'avais rêvé !

J'avais rêvé
Que la fortune
De mon ami m'était commune :
Le jour d'épreuve est arrivé ,
J'avois rêvé !

J'avais rêvé
Que ma bluette,
Cherchant un nom serait discrète,
Mais sur son front il est gravé,
J'avais rêvé.

C'est de l'Histoire.

Air : *Tout le long , le long, le long de la rivière..*
Ou : *Un jour le bon Dieu s'éveillant.*

Un jour le peuple s'éveillant,
Se dit : Eh! mais je suis puissant,
On m'opprime, courons aux armes;
Etre libre a bien plus de charmes,
J'ai trop patienté : mà foi,
Sautent les ministres, le roi!
Il se mutine, et si bien se comporte
Qu'il met ces messieurs du pouvoir à la porte;
Si j' comprends ça, que l' diable m'emporte!

C'était dans les jours de juillet,
Grand Dieu! quell' chaleur il faisait!
Les prolétaires, en manches de ch'mises,
Démolissaient palais, églises,
Criaient bien fort que les abus
Cette fois étaient disparus ;
Mais Lafayette avec un' belle escorte,
A l'Hôtel-de-Ville un autr' roi nous apporte ;
Si j' comprends ça, que l' diable m'emporte!

Jusque-là c'était demi-mal,
On croyait ce princ' libéral.
En l'offrant, on dit : C'est unique,
Ça vaut mieux qu'une république.
Pour fair' croir' que c'était certain,
L'autre à tout l' mond' tendait la main ;
Mais fatigué d'en agir de la sorte,
Pour sortir maint'nant n' faut-il pas qu'on l'escorte ;
Si j' comprends ça, que l' diable m'emporte !

Guerre de Belgique.

Pour se préserver des pavés,
V'la que des fossés sont achevés.
Dé beaux messieurs parfumés d'ambre
Font de longs discours à la chambre,
L' pauvre peuple en était l'objet ;
Pourtant on vote un gros budget.
On met sur pied une armée assez forte,
On dit : Faut qu'elle entre, qu'ell' se batte et qu'ell' sorte ;
Si j' comprends ça, que l' diable m'emporte !

Chambres — 5 et 6 juin.

Pendant cette entrefaite-là,
Le Français fâché de cela,
Au mot de liberté s' réveille.
Mais a-t-on vu chose pareille !
Tous ces gens, par le peuple élus,
Ne s' mettent-ils pas à tirer d'ssus!
Si le pouvoir se conduit de la sorte,
Pauvre liberté, c' n'est pas toi qui l'y porte ;
Si j' comprends ça, que l' diable m'emporte !

Vendée 1832.

Un' princess' grand' feseus' d'enfans,
S' place à la tête des chouans ;
Elle vous met tout au pillage,
Et plus elle fait de ravage,
Plus on la traite poliment,
Au lieu d' la mettre en jugement.

Dans un château v'la qu'on vous la transporte
Pour donner le jour au bâtard qu'elle porte ;
Si j' comprends ça, que l' diable m'emporte !

Destitution de
M. Dubois et au-
tres, etc.

On veut maint'nir les pensions
A tous ces chefs de factions ;
Des députés en conscience,
Vot'ent contr' ce genr' de récompense,
Et pour prix de ce dévoûment,
On les déplac' tout simplement :
Si monsieur *Chos'* se conduit de la sorte,
C' n'est pourtant pas pour s' fair' mettre à la porte :
Si j' comprends ça, que l' diable m'emporte !

Mlle Boury.

Craignant que l' corps législatif
Ne voulût se montrer rétif,
On s'entend avec la police :
Elle fait si bien son service,
Qu' sur le ch'min où *Chos'* passait,
On décoche un coup d' pistolet ;
Un' jeune fille, de frayeur tombe morte,
Dans la chambr' du roi promptement on l'emporte ;
Si j' comprends ça, que l' diable m'emporte !

Distribution de
croix.

Les ministres vol'nt sans façon ,
Béranger n' fait plus la chanson ,
Barthél'my laisse la satyre ,
Le peuple subit son matyre ,
Le riche se laisse allécher
Par des honneurs à dénicher ;
Les croix surtout pleuvent de telle sorte,
Que l'on en vendait l'autre jour à ma porte,
Si j' comprends ça, que l' diable m'emporte !

———